RENSEIGNEMENTS STATISTIQUES

SUR LA

SITUATION GÉNÉRALE DU DRAINAGE

EN FRANCE,

AU 31 DÉCEMBRE 1855,

PAR

S. BOULARD-MOREAU,

Propriétaire au Château du Tremblay, Maire de Fontenoy, membre du Comice agricole
de Saint-Fargeau, membre honoraire de l'Académie de l'Enseignement
de Paris, auteur de l'*Art de s'enrichir par le Drainage*.

PREMIERE PARTIE.

AUXERRE,

IMPRIMERIE, LIBRAIRIE ET LITHOGRAPHIE DE C. GALLOT, RUE DE PARIS, 47

1856.

TABLE.

A MM. les Agriculteurs et Propriétaires français.

AU NOM DE L'AGRICULTURE FRANÇAISE.

Messieurs ,

En publiant ce Rapport nous avons eu pour but d'être utile à la science agricole.

Nous vous dédions notre modeste travail ; veuillez l'accueillir par confraternité.

Vous n'y trouverez rien de prétentieux, rien de savant, mais peut-être, en lui prêtant quelque attention, y puiserez-vous des inductions utiles.

Notre tâche sera remplie si cette publication jette quelques lumières dans vos esprits, et surtout si elle peut contribuer à vulgariser dans nos campagnes une science à laquelle tout agriculteur intelligent doit s'adonner avec zèle et désintéressement.

Je suis, Messieurs,

Votre très-humble et dévoué serviteur,

S. BOULARD-MOREAU,

Propriétaire-Draineur, Maire de Fontenoy (Yonne).

PRÉFACE.

———

Personne, en France, n'oserait nier aujourd'hui la révolution profonde et radicale que l'opération du Drainage a produite dans l'économie agricole.

Le Drainage est devenu, non plus un sujet d'expérience, une matière à discussion, mais une nécessité indispensable, une condition *sine quâ non* de fertilisation du sol. Tout propriétaire intelligent doit donc s'empresser de drainer ses terres lorsque l'utilité lui en est bien démontrée. Des milliers de cultivateurs n'ont-ils pas d'ailleurs déjà donné l'exemple? Et sur tous les points de la France ne voyons-nous pas le Drainage appliqué avec économie et discernement?

Cependant, les heureux résultats produits jusqu'à ce jour ne sont, pour ainsi dire, connus et appréciés que des localités où ils sont exécutés. Les Agriculteurs n'ajoutent pas aisément croyance à tous les *on dit*, et il en résulte, dans une partie de nos populations, un temps d'arrêt fâcheux.

Désireux nous-même de contribuer à faire cesser toute crainte, toute indécision auxquelles se laisseraient entraîner quelques cultivateurs timides, nous allons, par des faits et des chiffres, essayer de jeter quelques lumières sur la question si intéressante et si utile de l'assainissement des terres.

Les renseignements qui servent de base à ce travail sont pris aux sources les plus authentiques; nous les livrons donc au public avec la plus grande confiance.

Tout le mérite de ce Mémoire revient aux personnes qui ont bien voulu nous communiquer les renseignements que nous allons faire connaître. Quant à nous, nous n'avons eu qu'à choisir au milieu de nombreux matériaux qui nous sont parvenus de tous les points de la France, et à discerner ce qui pouvait avoir un véritable intérêt pour nos concitoyens. Aussi notre devoir est-il de témoigner ici notre sincère reconnaissance aux nombreux amis de l'agriculture, et en particulier à M. le comte Rodolphe d'Ornano, qui s'occupe sérieusement du Drainage, comme député et comme grand propriétaire.

RAPPORT

SUR LA

SITUATION GÉNÉRALE DU DRAINAGE

EN FRANCE,

AU 31 DÉCEMBRE 1852.

A peine le repos de la France était-il assuré par le résultat de la mémorable journée du 2 décembre, que S. E. M. le Ministre de l'Agriculture, du Commerce et des Travaux publics a compris qu'il fallait immédiatement s'occuper des intérêts de l'Agriculture, cette mamelle de l'Etat, dont les intérêts souffraient depuis si longtemps.

Le *Drainage*, invention aussi ancienne que l'Agriculture elle-même, fut rajeuni ; on pensa, comme autrefois les Romains et peut-être les Grecs, à débarrasser les sols froids et marécageux de leur excès d'humidité, si nuisible à la végétation. S'il est vrai de dire que sous ce rapport les modernes n'ont rien inventé de nouveau, on ne saurait nier que l'idée de l'assainissement des terres soit apparue récemment comme un bienfait de la Providence.

La question du Drainage fut donc mise à l'ordre du jour; elle devait, par son importance, fixer l'attention du Gouvernement. Immédiatement, des machines à confectionner des tuyaux furent envoyées dans un grand nombre de départements, moyen énergique et parfait, la machine étant l'âme du Drainage.

En effet, il faut qu'elle soit partout à la portée du draineur, qu'elle le sollicite et qu'elle le provoque ; car ce n'est pas le prix de revient des tuyaux qui retient le draineur, mais bien l'éloignement des fabriques.

Les industriels eux-mêmes ont compris qu'il était de leur intérêt de créer de nombreuses usines; aussi en voyons-nous se construire dans les localités mêmes où le Drainage est tout nouvellement mis en pratique.

L'utilité de l'institution étant partout reconnue, il restait à en populariser l'application.

M. le baron James de Rothschild avait bien, au mois de juillet 1844 déjà, mis le Drainage en pratique dans sa terre de Ferrière (Seine-et-Marne), mais cette tentative, restée sans imitateurs, avait sans doute été considérée comme une excentricité importée d'Angleterre par l'illustre financier.

On vit bientôt, sous l'heureuse impulsion, et l'on peut dire sous la garantie même de l'Etat, quelques propriétaires éclairés endiguer les marais, dessécher, niveler, irriguer le sol, et remplacer ainsi, à l'aide des *Drains,* une végétation souffreteuse par une culture luxuriante.

Si les idées bonnes ou mauvaises germent vite en France, il est juste de dire que les bonnes ont encore la priorité; aussi le Drainage rencontra-t-il bientôt de fervents admirateurs. Ainsi, il n'existait, en 1855, que 1,267 hectares de terres drainées, tandis qu'au 31 décembre 1855 il y en a 20,414, avec la certitude qu'en 1856 cette quantité sera au moins doublée, d'immenses travaux, dans tous les départements, étant en cours d'exécution. Et cependant on doit le faire remarquer, jusqu'à ce jour le Drainage a été mis en pratique presque exclusivement par les grands propriétaires; le petit cultivateur a reculé, non par motif de dépense occasionnée par l'opération, mais parce que le sol rural est lourdement hypothéqué.

Mais qui sait si le Drainage n'est pas appelé un jour à concourir à l'extinction d'une partie de la dette hypothécaire, ce cancer ruineux du sol agricole ?

Nous n'avons pas l'intention de soulever ici cette question d'un si haut intérêt social, qu'il nous soit permis seulement de citer en passant l'Angleterre où il est difficile de remuer le sol sans y rencontrer des lignes de tuyaux circulant en tout sens et souvent superposés les uns sur les autres, et où la dette hypothécaire est beaucoup moins considérable que chez nous (1). Quels que soient les résultats qui attendent le Drainage, personne aujourd'hui ne saurait nier qu'il découle de cette invention une source de bien-être incalculable : travaux nombreux pour les ouvriers draineurs, établissement d'usines employant un grand nombre de bras, abondance de produits, enfin extinction probable d'une partie du dégrèvement du sol. Ajoutons encore, à l'avantage de cette invention, qu'il est reconnu que, bien exécuté, *plus le Drainage est ancien, plus le rendement est assuré.*

---

(1) Voici ce que disait M. Dumas, ancien ministre de l'Agriculture :

« Quiconque n'a pas vu l'Angleterre en 1847 est hors d'état de se faire une idée de l'importance « du Drainage. Si, dans l'arrière-saison de 1847, vous étiez monté sur une colline et si vous eussiez « regardé aussi loin que la vue pouvait s'étendre, vous eussiez aperçu, à perte de vue, dans tous « les sens, la terre sillonnée par les drains qui allaient être remplis, et rayée de lignes rouges par « les tuyaux qu'ils allaient recevoir. »

RENSEIGNEMENTS

Fournis par MM. les Propriétaires-Draineurs.

M. GARREAU, de Seine-et-Marne, déclare « avoir été payé par le surplus de sa récolte de blé la première année, » et son voisin, **M. LAURENT**, « est rentré une fois et demie de plus que ses déboursés dans le même espace de temps. »

Extrait du Journal des Débats, par M. Alloury, du 1ᵉʳ mars 1855.

« Le drainage de 58 hectares (1) de vignes fait chez M. le comte Duchâtel, ancien ministre, a, par ses résultats, prouvé que les vignes ont pris une couleur foncée, comme si elles avaient été fumées, qu'enfin les dépenses faites jusqu'à présent ont été *largement remboursées dès la première année*, frais qui se sont élevés à 300 fr. l'hectare.

« Les cultivateurs s'aperçoivent qu'aucune amélioration agricole ne peut donner, *surtout pour les vignes*, d'aussi bons résultats et d'aussi beaux profits.

« En 1853, une médaille d'or a été décernée à M. le comte Duchâtel pour ses travaux de Drainage. »

En Angleterre, la ferme de sir Robert Henry :

En comparant les années 1824 à 1837 avec celles de 1838 à 1843, on trouve :

	Av. le Drainage.	Après.	En plus.
Blé	12 h. 60	20 h. 17	7 h. 57
Orge	10 80	34 49	21 69
Avoine	17 33	40 41	23 08

Soit Blé, en plus, 60 p. 0/0 ; Orge, 201 p. 0/0 ; Avoine, 133 p. 0/0.
Les herbes artificielles et les prés ont donné des produits *bien plus considérables.*

(1) Il y en a aujourd'hui 90 hectares.

M. le baron **LUPIN** (Cher).

« *Des marécages* impraticables en toutes saisons ont acquis la valeur de nos meilleures terres.

« L'hectare revient, au maximum, à 216 fr. »

M. le **Receveur général de l'Oise**, le 24 mars 1856.

« Je draine depuis dix ans.

« Les terres qui avaient le plus besoin d'être drainées triplent de valeur.

« Des terres, louées avant le Drainage 30 fr., se louent aujourd'hui 90 fr. l'hectare.

« La charrue à sous-sol est employée ici avec un très-grand succès (1).

M. Des **ROTOUR**, du Château d'Avelin, près Pont-Saint-Marcq,
21 mars 1856.

« Je puis affirmer que le Drainage bien appliqué sur les plus mauvaises terres les a rendues *d'un produit équivalent aux meilleures* du même contour. »

M. le comte **DUCHATEL**, de Bordeaux (ANCIEN MINISTRE), 15 mars 1856.

« Mes vignes drainées ont toujours été plus vertes que celles de mes voisins, et je n'hésite pas à *attribuer ce résultat au Drainage*. »

NOTA. — M. BARRAL dit aussi que la première année les frais de Drainage lui ont été payés *par une seule récolte*.

M. **MERGEZ**, du Château de **Plessis-les-Barbes** (Indre-et-Loire),
25 mars 1856.

« Mes terres en blé drainées n'ont *jamais craint la sécheresse*, il n'en est pas de même de mes terres non drainées.

---

(1) Avec le Drainage, ce genre de charrue qui coûte 55 fr., est le complément du labour, elle a l'avantage de remuer le sol sous la raie du laboureur, qui pose cette raie du bon sol sur le sol fouillé.

La force d'un cheval suffit souvent pour la conduire. Elle est, avec le plus grand succès, employée en Brie et en Picardie.

« Mes terres drainées, à sol égal non drainées, m'ont produit 25 et 35 même p. 0/0
n plus.

« Un pré tourbeux, où je ne récoltais que du jonc servant de litière, *vaut la meil-
leure chènevière.* »

M. PAUTRA, de Thou (Loiret), le 18 mars 1856.

« Je n'ai encore qu'une première récolte sur des terres drainées, elles sont de *meil-
leure apparence* que sur des terres analogues. »

M. CHALLE père , Conseiller général, à Auxerre (opération de 1855).

« Douze hectares drainés, marécageux, servant d'égoût aux eaux souterraines de
toutes les collines voisines. . . . . . sont en parfait état de culture. . . . . . J'ai fait
une *excellente opération financière.* »

M. CHARDON, Inspecteur des Forêts, Régisseur des Biens de la maison du baron
James de Rotschild, de Ferrières, 8 mars 1856.

« . . . . . L'excédent du rendement est *de six à huit hectolitres* par hectare
depuis 1844.

« . . . . . Culture plus facile et moins dispendieuse.

« . . . . . Maturité de huit à dix jours plus prompte.

« . . . . . Nous avons *cinq cents hectares* drainés et les fermiers demandent qu'on
draine leurs fermes *avec augmentation de baux.* »

M. le marquis ANJORRANT, de Flogny (Yonne), le 20 février 1856.

« . . . . . La plus-value des récoltes a été, de 1853 à 1854, sur un étang desséché,
des *neuf dixièmes au moins.*

« En ce moment, les terres drainées ne sont pas *pleines d'herbes* comme les autres
non drainées.

« J'ai des terres, qui étaient du prix de 230 fr. l'hectare avant drainage, que je
pourrai maintenant louer le prix *des meilleures chènevières du pays.* »

2

M. BARRAL, dans son *Manuel du Drainage des Terres arables,* rapporte une multitude d'autres exemples que nous croyons inutiles de reproduire.

Il y est répété souvent que des rendements ont produit en plus 40, 45, 70, 100 et même 200 p. 0/0, et que fréquemment les frais déboursés ont été presque couverts *dès la première année.* »

M. le marquis DE BRYAS, de Bordeaux, dans sa propriété du Taillan.

(Rapport de M. JULES YVOY.)

« La transformation des terres de cette propriété est réellement *prodigieuse.* »

(Rapport de M. IMBART DE LA TOUR.)

« Les résultats obtenus, et que tout le monde peut apprécier, sont au-dessus de *toutes les espérances.* »

(Rapport de la Société d'horticulture de la Gironde.)

« . . . . . Une pièce de six hectares, en moyenne, avant le Drainage, donnant 60 hectares de froment en 1853, après une forte fumure, a produit   200 hectolitres.

En plus. 148   —

« Dans cette même pièce de terre, la charrue ne pouvait y entrer qu'au mois de juillet, et les bestiaux s'y enfonçaient jusqu'au ventre. »

Comice agricole des arrondissements de Melun, Provins et Fontainebleau.

« . . . . . Le Drainage est terminé sur 330 arpents de la ferme des Corbins, nous y avons remarqué (Rapport de M. de Haut), comme résultat du Drainage, *des luzernes abondantes* produites dans des terres qui en avaient constamment refusé, *des colzas remarquables* dans d'anciennes fondrières. »

M. DE HOUDAILLES. Naples, 24 mars 1856.

« . . . . . En 1854, j'ai drainé une pièce de cinq hectares. L'assèchement a été immédiat ; le jonc a été remplacé par le triolet. — Cette année ma récolte sera *augmentée d'un tiers.* . . . . . J'ai drainé des terres arables. . . . . . Je ne pouvais, à cause de la grande humidité, y faire des grains d'hiver. . . . . . Il y a partout maintenant des blés à plat *magnifiques.*

Extrait du Journal des Débats du 18 février 1855.

« M. le marquis de Bryas a drainé quarante hectares de vignes, l'eau, avant le Drainage, *surgissait de partout,* l'on ne pouvait y travailler qu'après une longue sécheresse.

« Huit jours après la pose des tuyaux, elles étaient complétement purgées de cette humidité surabondante. »

M. VERNILLET, régisseur des Domaines impériaux, du 6 mars 1856.

« . . . . . Au 1ᵉʳ janvier 1856, sur les domaines impériaux de la Sologne, il y avait 87 hectares de drainés. — 40 vont y être ajoutés en 1856.

« . . . . . Le mouvement des esprits, malgré le haut prix des dépenses, me fait espérer que nos contrées abandonneront leurs vieilles routines.

« . . . . . Le produit est et représente une moyenne de 16 p. 0/0 ; humanitairement le bien est incalculable pour nos contrées.

« . . . . . L'hectare me revient, tout compris, à 250 fr.

« . . . . . Je ne doute pas de l'avenir du Drainage dans nos contrées, le prêt de cent millions de francs et le système Berners, dit Procédé Keythorpe, qui va réduire la dépense des quatre cinquièmes, contribueront encore plus que notre exemple à assurer sa prompte exécution. »

M. MARLOT, de Cosnes (Nièvre), 26 avril 1856.

« Je suis satisfait du Drainage ; une terre où je ne récoltais rien à cause de l'humidité, me donnera cette année une bonne récolte.

« . . . . . Un de mes voisins, qui a drainé dans un bon terrain. . . . . . *sa première récolte payera ses frais.* »

Le Duc de Périgord, 24 avril 1856.

« Mes essais sont trop récents pour vous dire quel est le rendement.

« . . . . . Dans des circonstances ordinaires, la dépense est de 200 fr. par hectare.

Le vicomte DE ROUGÉ, 17 mars 1856.

« La bonne qualité du Drainage, ce sont des tuyaux bien cuits.

« J'ai déjà cent cinquante hectares de drainés, et vais continuer.

« En plus sur le Blé,   143 p. 0/0.

      —   Seigle, 180 p. 0/0.

M. DUBOIS, ingénieur Draineur à Lille, 25 mars 1856.

« Tout ce que je puis vous dire de plus concluant, c'est que les terres de la Plaine du Forêt ont été *tiercées de valeur*, depuis que l'on sait tout le parti que l'on peut tirer du drainage. »

Journal L'YONNE, 23 avril 1856.

« Une pièce de pré appartenant à M. Godard, boucher à Auxerre, dont le produit était pour ainsi dire nul, par suite de nappes souterraines dont il n'avait pu jusqu'ici assurer l'écoulement. . . . . . Aux premières tranchées, l'eau s'écoule comme pour faire tourner un moulin, de sorte que les eaux trouvant facilité de sortir, *le pré est complétement assaini*. . . . . .

« Ce fait seul peut et doit convaincre les plus incrédules. »

Il nous serait facile de joindre à ces renseignements beaucoup d'autres faits : nous pensons qu'ils seraient superflus ; cependant, nous ne terminerons pas sans dire deux mots de nos travaux personnels, que nous avons été obligé de suspendre faute de tuyaux.

Au château du Tremblay, nous avons drainé une terre en luzerne, l'essai a parfaitement réussi, et les eaux en sortant du drain servent à l'irrigation d'un pré qui s'est déjà beaucoup amélioré.

A notre domaine de La Motte, commune de Saint-Privé, une pièce de terre de plusieurs hectares, extrêmement humide, est maintenant tout à fait assainie, les labours y sont plus faciles.

M. Boulard fils, à Fontenoy, vient d'assainir complétement une terre dont une portion était presque *sans produit*.

Nous avons pensé que MM. les Cultivateurs saisiraient mieux l'importance de notre travail en classant par département les renseignements que nous avons à leur communiquer.

Nous répétons ici ce que nous avons dit en commençant : Tous les renseignements qui vont suivre émanent des meilleures sources, et nous n'hésitons pas à en garantir l'exactitude et à en assumer toute la responsabilité.

TABLEAU PAR DÉPARTEMENTS

DE L'ÉTENDUE, PAR HECTARE, DES TERRES DRAINÉES,

ET DU NOMBRE DES FABRIQUES.

Ain.

« . . . . . Nous avons 2,500 hectares drainés. . . . . . 1,000 sont en cours d'exécution.

« . . . . . Nous aurons au moins la quantité doublée des terres drainées en 1856.

« . . . . . Le rendement est apprécié *six hectolitres l'hectare en plus..* »

Aisne.

« Nous avons 350 hectares drainés. — 4 fabriques.

« . . . . . Dans ce département, M. le vicomte de Rougé en est le promoteur. — 150 hectares sont drainés par lui seul. . . . . . Les bons exemples et la supériorité du rendement des terres drainées font que leur quantité va s'accroître considérablement. — Le rendement des terres varie de 20 à 50 p. 0/0. »

Allier.

« 270 hectares drainés. — 3 fabriques.

« . . . . . L'exemple depuis longtemps donné par M. Busuel, directeur de la ferme-école de La Chaise porte ses fruits. . . . . . Le Drainage est compris. . . . .

« L'hectare revient à 240 fr. en moyenne.

« Le rendement est en plus de 20 à 30 p. 0/0. »

Ardèche.

Le Drainage n'est point encore appliqué dans ce département, mais il le sera avant peu ; beaucoup de propriétaires aisés se disposent à faire des essais. . . . . .

Ardennes.

« 200 hectares sont drainés ; la quantité doublera au moins en 1856.

« Le Drainage est compris, apprécié ; trop nouveau pour en connaître le rendement. »

Arriége.

« Depuis un temps immémorial on draine avec des pierres. . . . . . La quantité drainée par cette méthode est considérable.

« 20 hectares sont drainés avec la nouvelle méthode. . . . . . Les propriétaires qui l'ont appliquée en éprouvent déjà de très-bons résultats.

« De tous côtés on réclame des tuyaux. . . . . . .

« Nous avons trois machines. . . . . . L'hectare revient à 250 fr.

« Nos propriétaires-draineurs n'ont pu marcher plus vite, parce qu'ils ont souvent, comme ailleurs, manqué de tuyaux. »

Aude.

« 100 hectares sont drainés. — 2 machines.

« . . . . . Dans ce département il existe une masse considérable de terres drainées depuis fort longtemps avec fascines, sarments. . . . . . dont les avantages sont bien connus.

« . . . . . Le Drainage, avant peu, sera très-répandu et s'exécutera sur des points très-nombreux.

« Deux fabriques marchent. . . . . . . Des primes d'encouragement sont accordées.

« . . . . . Le Drainage système anglais est trop nouveau pour pouvoir apprécier le rendement. »

Bouches-du-Rhône.

« Il n'y a encore d'opération qu'à titre d'essais.

« . . . . . Les propriétaires paraissent se décider.

« . . . . . Un crédit spécial est à la disposition de MM. les ingénieurs, qui se livrent avec ardeur à sa propagation. »

Calvados.

« Cinq à six cents hectares sont drainés; ce genre de travaux prend chaque jour une nouvelle extension. . . . . .

« MM. les Ingénieurs contribuent à donner toute l'impulsion.

« . . . . . Le rendement des terres arables *donne de 15 à 40 p. 0/0; il est plus considérable pour les herbages.* . . . . .

« La moyenne, par hectare, est d'une dépense de 225 fr.

« . . . . . Nous avons cinq machines à tuyaux. »

Cantal.

« Rien encore dans ce département.

« Cette année on va opérer.

« . . . . . . Plusieurs machines vont incessamment arriver dans ce département. . . . . »

Charente.

« 10 hectares seulement sont drainés. . . . . . Mais les demandes considérables faites par divers propriétaires font présumer que cette année le Drainage s'étendra beaucoup.

« . . . . . Trois machines fonctionnent.

« . . . . . Le Drainage est trop récent pour dire quel est le rendement en plus.

« La dépense, par hectare, est d'environ 250 fr. »

Charente-Inférieure.

« 10 hectares environ sont drainés; — Une machine et des outils perfectionnés sont achetés.

« . . . . . Aucune entreprise n'a encore eu lieu dans ce département.

« . . . . . Les produits des cultures ne sont pas encore connus.

« . . . . . Tout fait espérer que ce puissant mode d'assèchement se popularisera surtout aidé par les fonds de l'Etat. . . . . »

Cher.

« 293 hectares sont drainés au moyen d'allocations de l'Etat et par divers particuliers.

« . . . . . Le Drainage se continue. . . . . . Il est compris.

« Le rendement est estimé de 35 à 40 p. 0/0.

« Il y a aussi six fabriques.

« M. Lupin, en 1845, a été le promoteur ardent du Drainage dans ce département. »

Corrèze.

« Nous n'avons encore aucun drainage d'exécuté.

« . . . . . Plusieurs opérations vont incessamment commencer.

« . . . . . Un crédit de M. le Ministre, accordé à ce département, va procurer l'achat de plusieurs machines. »

Côte-d'Or.

« 200 hectares sont drainés. . . . . .

« Cette quantité augmentera beaucoup en 1856. . . . . .

« Les propriétaires et fermiers veulent drainer.

« Le Drainage est trop récent pour vous dire le rendement.

« Les récoltes en terre drainées ont les *plus belles espérances.*

Côtes-du-Nord.

« 320 hectares sont drainés. . . . . Il y aura augmentation considérable en 1856.

« . . . . . Le Drainage est principalement appliqué aux prairies marécageuses.

« Les résultats sont énormes *en améliorations.* »

Doubs.

« . . . . . . 5 hectares environ sont drainés. . . . . .

« . . . . . L'administration a fait quelques essais. . . . . . .

3

« Dans les environs de Besançon, des terrains *très-humides* ont été convertis en par-
faite culture. . . . . . Le Drainage va se propager promptement. »

Drôme.

« . . . . . 40 hectares sont drainés.

« . . . . . Je ne puis vous dire encore le rendement.

« . . . . . La division extrême du sol sera une opposition au Drainage.

Eure.

« 47 hectares sont drainés. . . . . . L'augmentation de cette quantité est de beaucoup subordonnée au projet de loi soumis au Conseil d'Etat. . . . . .

« Nous avons cinq machines.

« . . . . . L'hectare revient, en moyenne, à 300 fr., il s'abaissera à 250 fr. »

Eure-et-Loir.

« 60 hectares sont drainés. . . . . . Ils iront au moins à 100 hectares en 1856.

« Ce département, par son sol calcaire, est en partie drainé naturellement.

« . . . . . Nous possédons deux machines.

« . . . . . Le rendement est encore impossible à apprécier. »

Finistère.

« 100 hectares sont drainés, grande partie en pierres, mais grâce aux machines à
tuyaux, le Drainage va se propager. . . . . . L'Administration supérieure, comme
partout, donne une utile impulsion. »

Gard.

« 3 hectares sont drainés ; il y a une très-grande quantité de drainés, selon l'usage.
avec pierres. . . . . . Cette quantité avec l'emploi des tuyaux sera probablement augmentée en 1856. . . . . . Plusieurs propriétaires ont manifesté cette intention. . . . . . Vu
la nouveauté, pas d'appréciation de rendements.

« . . . . . . Nous avons une seule fabrique.

« L'hectare coûte 300 fr.; il s'abaissera avant peu à 250 fr. »

Gers.

« 146 hectares 67 centiares sont drainés ; — plusieurs machines.

« ...... Des fonds ont été votés à diverses fois par le Conseil général......

« Le nombre des machines augmente...... Tout le monde travaille pour populariser cette excellente méthode, qui a pour effet de *doubler les produits.* »

Haute-Garonne.

« 50 hectares sont drainés...... L'impulsion est donnée ; en 1856, le Drainage se fera sur de larges proportions. . . . . .

« ...... L'hectare coûte de 170 à 200 fr.

« ...... Nous avons deux machines.

« Le rendement est impossible, vu la nouveauté. »

Gironde.

« ...... 300 hectares sont drainés...... Le Drainage est apprécié......

« ...... Je ne puis vous préciser ses résultats à cause de la nouveauté.

« ...... Le Drainage a complétement *paralysé les effets de l'oïdium* sur nos vignes. »

(Pour le rendement, voir Notice de M. le marquis de Bryas, page 12).

Hérault.

Rapport du Secrétaire de la Société centrale d'Agriculture de Montpellier.

« Plusieurs centaines d'hectares, depuis neuf années, sont drainés avec des pierres à défaut de drains.

« ...... Il n'existe ici qu'une fabrique de tuyaux . . . . . .

« Dans ma propriété, j'estime qu'en 1853-54 *une seule année a suffi pour rembour* ma dépense.

Ille-et-Vilaine.

Communication du Journal d'Agriculture pratique, sous la direction de l'Administration (16 janvier 1856).

« 200 hectares sont drainés...... Le Drainage marche rondément.

« Voici quelques *exemples des améliorations :*

		Avant.	Après.	Différ.
M. de BELMAGE	Avoine,	21	37	16
	Blé noir,	19	28	9
M. de LANDAL	Blé,	7	16	9
M. RAMET	Orge,	11	28	17
M. du HOULGUET	Blé,	14	22	8

« Les prairies artificielles donnent des *rendements considérables.* »

Indre.

« 200 hectares sont drainés. — Cinq machines.

« . . . . . . Ce département est un de ceux qui ont le plus besoin du Drainage : heureusement qu'il marche cette année ; je ne puis vous dire où s'arrêteront les travaux. qui vont être considérables . . . .

« Les frais par hectare, en moyenne, sont de 220 fr. . . . .

« Les rendements sont de *beaucoup supérieurs.* . . . . »

Indre-et-Loire.

« 150 hectares sont drainés ; il y en a 400 à l'étude.

« Le rendement est de 30 p. 0/0 *en moyenne.*

« L'hectare revient de 240 à 250 fr.

« Nous possédons six machines . . . . »

Isère.

« 50 hectares environ sont drainés. — Une machine.

« . . . . . . Le Drainage prend dans ce département . . . . . . le rendement *supérieur* va faire comprendre qu'il faut s'empresser . . . . . .

Jura.

« 388 hectares sont à peu près terminés ; 304 sont entrepris et projetés. . . . . .

En outre, des demandes considérables nous sont continuellement adressées. — Nous comptons sur environ 600 hectares à drainer cette année.

« Nous avons cinq machines ; le service des Ingénieurs est à la disposition des pro-priétaires. »

Landes.

« On comprend parfaitement le Drainage, mais il n'y a pas d'ouvriers capables en cette contrée.

« Quelques essais ont cependant parfaitement réussi. . . . . . . Il n'y a pas à douter qu'il prendra bientôt de l'extension.

« 10 hectares seulement sont drainés.

« . . . . Nous n'avons que deux fabriques. »

Loir-et-Cher.

« 200 hectares sont drainés. En 1856, cette quantité s'accroîtra considérablement.

« Le rendement est évalué *un tiers en plus.*

« . . . . . . L'hectare coûte de 180 à 220 fr.

« . . . . . . Nous n'avons encore que deux fabriques à drains. »

Loire.

« 488 hectares sont drainés, il s'en fera 7 à 800 en 1856.

« Nous avons la certitude que des terres achetées depuis peu de temps 400 fr. l'hec-tare, une fois drainées, *ont été échangées* contre d'autres d'une valeur de **1,800 fr.** pour même superficie.

« Le Drainage permet de cultiver en tout temps.

« M. ALLIER. — L'excédant de récolte est de 33 p. 0/0 *au moins.*

« M. PEILLON. — Mon pré a pris, sans contredit, une VALEUR DOUBLE.

« L'hectare revient à 297 fr., mais doit beaucoup s'abaisser à cause des grands tra-vaux, mais il coûte, en cas ordinaire, 250 fr. »

Loiret.

« 300 hectares environ sont drainés. — Deux machines.

« ...... L'impulsion est grande .... Je vous dirai que tout tend à le faire marcher rapidement. »

Lot.

« Une quantité de tuyaux pour essais ont été donnés gratis aux propriétaires.

« Le Conseil général a voté une allocation annuelle de 2,000 fr., dans sa séance du 3 septembre dernier, pour être distribuée en prime afin d'encourager le Drainage.....

« D'après un aperçu, l'hectare coûtera à drainer 264 fr., mais ce prix sera beaucoup réduit avec de la pratique.

« Trois machines vont être placées. Le Drainage va marcher, ce sera une grande amélioration pour ce département où il existe environ 100,000 hectares à drainer. »

Lot-et-Garonne.

« Le Drainage n'est point encore organisé pour en pouvoir faire un compte-rendu.

« Quelques essais sont faits. On en parle avec avantage.

« Tout annonce, avant peu, que le Drainage prendra une grande extension.

« Une machine a été confiée à un potier .... Des tuyaux seront livrés à prix réduits.

« Trois autres machines vont être placées. »

Lozère.

« Les premiers essais du Drainage vont être faits.

« ...... Une machine est commandée.

« ...... Le Drainage, à cause du sol montagneux et accidenté, ne prendra pas une grande extension dans ce département. »

Maine-et-Loire.

« 800 hectares au moins sont drainés ; cette quantité, vu les bons résultats obtenus, augmentera beaucoup en 1856.

« On peut, sans exagérer, assurer que le rendement est *presque doublé*.

« ...... L'hectare revient à 250 fr.

« ...... L'élan est donné ....

« ...... Nous avons sept machines.

Manche.

« Je suis, sauf quelques petits propriétaires, le seul draineur.

« . . . . . Je vais continuer.

> « 11 hectares sont drainés.
>
> « 2 fabriques.
>
> « L'hectare revient à 250 fr. »

Marne.

« 110 hectares sont drainés . . . . . . Cette quantité triplera en 1856.

« . . . . . . Les terres drainées rapportent en sus 3 et 4 hectolitres.

« Les herbes artificielles, le rendement est considérable.

« L'hectare coûte 185 fr.

« Nous avons dix machines. »

Mayenne.

« 500 hectares sont drainés. — 11 fabriques existent.

« . . . . . . La quantité des terres drainées augmentera encore en 1856.

« . . . . . . Le prix de l'hectare varie de 200 à 300 fr. »

Meurthe.

« 43 hectares 23 centiares sont drainés. — Cette quantité augmentera beaucou'' en 1856.

« L'hectare revient à 280 fr.

« Une seule fabrique à tuyaux existe ici. »

Meuse.

« 262 hectares sont drainés. . . . . . 102 sont à l'étude.

« . . . . . . Le rendement est encore inappréciable, mais les résultats paraissent promettre.

« ...... Nous avons quatre machines.

« ...... L'hectare revient à 200, 210 fr. en moyenne. »

Morbihan.

« 221 hectares sont drainés. — Nous avons trois machines.

« ...... Les bons résultats obtenus font que les demandes abondent...... Il y a des projets considérables à l'étude et en cours d'exécution.

« ...... L'hectare, jusqu'ici, revient environ à 200 fr. »

Moselle.

« 94 hectares 61 ares sont drainés; la quantité augmentera beaucoup en 1856.

   « Les rendements reconnus sont :

        « Chez M. Boulanger, près de 23 p. 0/0.
        « Chez M. Huot   —   33   —
        « Chez M. Bourpard,   —   33   —
        « Chez M. L.....   —   30   —
        « A la ferme de Krémerik,   16 et 21.

« De *mauvais prés* loués avant 67 fr. 50, le sont 90 maintenant.

« Nous avons trois machines.

« ...... L'hectare revient à 250 fr. »

Nièvre.

« ...... Une terre, dans une propriété de M. le comte de Berthier-Bizy, de la valeur de 1,800 fr., vaut aujourd'hui 2,080 fr., et le revenu a augmenté de 40 p. 0/0.

« 53 hectares sont drainés. — 179 sont à l'étude.

« Nous avons sept machines...... L'hectare revient à 228 fr. 55 c. »

Nord.

« 2,000 hectares sont drainés...... Cette quantité sera beaucoup augmentée en 1856.

« ...... *Le rendement est de 15 à 30 p. 0/0*; dans les pâtures et prairies, il est *considérable*.

« ...... L'hectare revient de 250 à 300 fr. et 180 à 200 suivant les sols.

« ...... 10 fabriques fonctionnent. »

Oise.

Rapport du Directeur des Domaines de l'Association du Drainage de l'Oise.

« 472 hectares sont drainés ; des travaux considérables sont entrepris pour 1856.

« ...... Les terres drainées rendent en sus 70 p. 0/0 ; depuis le Drainage , des terres de 1,000 fr. valent 2,000.

« Rendement en blé avant,	13 hectol.	Avoine,	15 hectol.
« — après,	22	—	26
« En plus,	9	—	11

« L'hectare revient à 250 fr. — Nous drainons depuis 1851.

« ...... Nous possédons cinq fabriques, mais c'est l'association qui entreprend les travaux, dont le siége est à Beauvais. »

Orne.

« 300 hectares au moins sont drainés. — Nous avons deux machines.

« ...... Ce departement, où le Drainage a été exécuté primitivement par M. de Vigneral, dont une grande partie de la propriété est déjà drainée, est en bonne voie.

« Je ne puis très-exactement vous dire la quantité d'hectares drainés, donc je vous donne le chiffre 300 au moins...... . Beaucoup le sont de vieille date en pierres.....
« L'hectare revient à 220 fr.

« Le *rendement,* surtout dans *les herbages,* est de plus de 30 p. 0/0. »

Puy-de-Dôme.

« On peut estimer à 200 hectares la quantité de terres drainées.

« Ce qu'il est facile d'affirmer, c'est que le Drainage est en voie de s'étendre dans de grandes proportions.

« Sept fabriques fonctionnent, dont une vient de se créer dans l'arrondissement d'Yssoire.

« 230 à 250 fr. la dépense, en moyenne, l'hectare.

Basses-Pyrénées.

« Le Drainage n'était encore, en 1854, connu que de nom.

« ...... 70 hectares, en 1855, ont été drainés...... Ce nombre sera plus que triplé en 1856.

« L'hectare revient, en moyenne, à 250 fr.

« Quatre fabriques marchent.

« ...... Impossible encore de dire quel est le rendement en plus, c'est trop nouveau. »

Hautes-Pyrénées.

« L'idée du Drainage prend faveur...... Des propriétaires aisés ont exécuté des essais; déjà leur exemple a produit de bons résultats...... L'administration aide le mouvement, il est incontestable qu'il se répandra promptement...... Nous stimulons par tous les moyens.

« Trois fabriques sont placées chez des potiers. »

Pyrénées-Orientales.

« Le Drainage n'a ici qu'une extension fort restreinte......

« Depuis 1855, il n'y a encore que cinq à six hectares par un propriétaire possesseur d'une étendue considérable, qui se dispose à continuer.

« .... Point d'usine à tuyaux; on s'en procure dans les départements voisins. »

Bas-Rhin.

« 40 hectares sont drainés; cette quantité doublera au moins en 1856.

« Une fabrique fonctionne.

« Il est bien certain que le rendement *est supérieur*.

« L'hectare revient à 300 fr. environ. »

Rhône.

« 15 hectares seulement sont drainés; nous manquons de machines, par conséquent de tuyaux.

« ...... On va redoubler d'efforts afin d'encourager cette nouvelle méthode, au point de vue de l'économie agricole et domestique. »

Haute-Saône.

« 60 hectares sont améliorés par le Drainage, qui ne compte que de 1855...... Des dispositions sont prises pour en généraliser l'application.

« ...... Les bonnes machines à fabriquer manquent.

« ...... L'hectare reviendra à 200 fr.

« ...... Une fabrique existe. »

Saône-et-Loire.

« 230 hectares sont drainés et seront doublés en 1856. — Le rendement est *un tiers en plus*. — Nous avons douze usines. — L'hectare varie de 150 à 250 fr. »

Sarthe.

« 252 hectares 62 ares sont drainés...... Au moins 100 hectares se draineront en 1856.

« 10 fabriques marchent.

« Le *rendement* est de 20 p. 0/0 *en plus* par hectare......

« Les terres drainées ont une valeur en sus d'au moins 300,000 fr. dans ce département.

« Coûte 190 fr. environ la moyenne d'un hectare. »

Seine.

« 25 hectares sont drainés ; des essais ont eu lieu dans l'arrondissement de Saint-Denis et sur le territoire d'Antony...... Tous ont eu d'excellents résultats.

« La dépense est de 300 fr. en moyenne. »

« Nota. — Il y a eu d'autres drainages, le camp de Satory, de 150 hectares, et le champ de manœuvre, de 110 hectares ; ils ne regardent pas notre statistique, nous n'en ferons donc mention que pour mémoire.

« 2 machines à fabriquer fonctionnent. »

Seine-et-Marne.

« 3,554 hectares en 135 communes sont drainés.

« Le rendement est *incontestablement supérieur*, mais je ne puis vous préciser la moyenne (Voir la Notice de M. Chardon, page 11).

« La moyenne de l'hectare revient de 200 à 250 fr., et d'autres de 100 à 500 fr.

« Nota. — C'est dans ce département et non dans le Cher que les premiers essais de Drainage ont eu lieu, sur une propriété appartenant à M. le baron James de Rothschild en 1844.

« Il fit venir d'Angleterre, à son domaine de Ferrières, canton de Lagny, une machine pour drainer d'abord les chemins et allées du parc.

« Au mois de février 1845, on draina deux hectares 13 ares dans le parc de la Taffarette ; cette même année, M. de Rothschild fit la nouvelle acquisition d'une machine

« Enfin, au 31 décembre 1855, 464 hectares 10 ares 85 centiares sont drainés, et les déboursés, non compris le lever des plans, est de 153,021 fr. 33 c., ce qui fait, en moyenne, 330 fr. par hectare. (Il y a eu de grands travaux extraordinaires). »

Seine-et-Oise.

« 303 hectares sont drainés au 31 décembre 1855 ; cette quantité sera doublée avant peu.

« ...... La supériorité du rendement des terres est très-appréciable dans les terres drainées depuis deux ans ; la proportion est de 25 à 35 p. 0/0.

« L'hectare drainé coûte 350 fr.

« ...... 2 fabriques ; on s'approvisionne dans les départements voisins.

Seine-Inférieure.

« 100 hectares sont drainés. — Trois machines.

« ...... Le chiffre des hectares drainés sera plus que doublé en 1856.

« Il existe trois fabricants.

« Pour les *herbages*, il y a un rendement de 45 à 50 p. 0/0.

« Pour les terres de labour, l'expérience n'est pas encore faite.

« ...... L'hectare revient à 300 fr. »

Somme.

« 4 à 5 hectares pour un premier essai ont été exécutés ; cet essai a parfaitement réussi.

« ...... Le Conseil général a voté 4,000 fr. pour encourager et vulgariser ce nouveau mode de production...... Plusieurs propriétaires font faire des études pour continuer le Drainage.

« Une seule fabrique existe.

« Chacun travaille d'une manière toute spéciale pour sa propagation. »

Tarn.

« Le Drainage est si peu avancé dans ce département, que je ne puis répondre aux questions que vous me posez.

« ...... Un agent départemental du Drainage est institué.

« ...... Je crois qu'avant peu ce département comptera parmi ceux qui ont fait à ce procédé l'accueil qu'il mérite par les résultats qu'il procure partout. »

Var.

« ...... Jusqu'à ce jour, le Drainage par tuyaux est inconnu.

« ...... A peine avons-nous six hectares de drainés avec cette nouvelle méthode.

« ...... Une machine est placée à la ferme-école du Var.

« ...... Les essais opérés par M. de Gasquet et par plusieurs propriétaires encouragent...... L'élan est donné......

« ...... Le *rendement* est estimé *un tiers en sus*......

« ...... L'hectare revient à 150 fr.......

« ...... Nous avons beaucoup d'hectares drainés avec pierres......

Vaucluse.

« Il y a quelques petits essais de Drainage......

« D'après l'opinion de M. l'Ingénieur en chef et des chambres d'agriculture, le Drainage ne produira dans ce département des effets utiles que dans de rares exceptions.

« ...... Nos roubières, ou fossés très-larges d'assèchement, obtiennent de très-bons résultats. »

Vendée.

« ...... L'année dernière seulement le Drainage a été introduit en Vendée......

« ...... L'opinion est que le rendement est de nature *à tripler le revenu*.

« ...... Dans un avenir peu éloigné, il prendra ici une grande extension, car les grands propriétaires veulent drainer et se réunissent en société.

« ...... Deux machines vont fonctionner...... »

Vienne.

« ...... Presque rien n'a encore été fait dans ce département......

« Deux hectares seulement ont été drainés dans l'arrondissement de Montmorillon...... Le propriétaire a été on ne peut plus satisfait...... Les vieilles routines seront difficiles à abandonner...... La moitié des terres a besoin d'être drainée.

« ...... Nous avons deux machines......

« ...... L'hectare revient à 220, 225 fr....... »

Haute-Vienne.

« ...... 25 hectares sont drainés...... Cette quantité sera plus que doublée en 1856.

« .... Trois fabriques fonctionnent.

« Cette année étant la première pour l'ensemencement des terres drainées, rien encore de certain sur le rendement.

« L'hectare revient, en moyenne, à 200, 220 fr. »

Yonne.

Il y a 200 hectares drainés dans ce département ; cette quantité sera plus que doublée cette année, car nous savons positivement qu'il existe dans nos usines plusieurs millions de commandes de tuyaux. Enfin, l'application du drainage est comprise, donc il marche rapidement.

Toutes les applications faites prouvent de *magnifiques résultats d'avenir*. (Voir la Note de M. le marquis Anjorrant, page 11, et celle de M. Challe père, même page).

Il y a quatre fabriques qui fonctionnent et deux autres se montent : une à Fontenoy, appartenant à M. Boulard fils, propriétaire au Château du Tremblay, et la seconde à Bléneau, par M. Houette.

Le prix de l'hectare varie, suivant les sols, de 190 à 210 fr., et de 230 à 300 fr.

Il nous manque quelques renseignements sur les départements des Basses-Alpes, Hautes-Alpes, Aube, Corse, Creuse, Dordogne, Haute-Loire, Loire-Inférieure, Haute-Marne, Pas-de-Calais, Haut-Rhin, Deux-Sèvres, Tarn-et-Garonne et Vosges.

Nous ajouterons seulement qu'il n'est pas un seul département où des allocations n'aient été fournies par l'Etat, et que ces départements, par leur position, sont moins propices que d'autres pour le Drainage.

Celui de Tarn-et-Garonne est un de ceux dont le sol est le plus urgent, où le Drainage est parfaitement compris, ainsi que dans celui des Vosges. — Il existe déjà plusieurs opérations importantes et plusieurs usines ont livré des quantités assez considérables de tuyaux.

Nous croyons, en résumé, d'après les renseignements que nous possédons de ces départements, qu'on peut sans exagération, estimer 500 hectares de drainés et 20 machines ; enfin, partout le Drainage est appliqué et compris, grâce à la ferme volonté de S. E. M. le Ministre de l'Agriculture.

TABLEAU INDICATIF

DES

FABRIQUES DE TUYAUX DE DRAINAGE

ETABLIES EN FRANCE AU 31 DÉCEMBRE 1855,

PAR DÉPARTEMENT,

Avec la contenance des hectares drainés.

NOTA. — Le nom des fabriques possédant plusieurs machines est en caractères italiques.

———◦———

Ain . . . . 2,500 hectares. — 23 machines.

Bourg. — MM. Merle, à Chales ; *Chambaud,* à Saix ; Trébes, à Saint-Trivier-de-Courtez ; Eschard, à Saint-Paul-de-Varan ; Bataillard, à Parrex ; de la Tournelle, à Coligny ; Cochard, à Varambon.

Trévoux, MM. N...., à l'*Ecole de la Saulsaye ;* Nivierre, à Châtillon ; de Tavernost, à Saint-Trivier-sur-Moignon ; Trochu, à Neuville ; Caste, à Vaudins ; de la Chapelle, à Maximieux ; de Béost, à Vonnas ; comte Douglas, à Montréal ; comte d'Arloz, à Ceyzérieux ; N....., à Ferney ; *Berolle,* à Bonéteau ; Catineau, à Versailleuse.

Ariége . . . . 20 hectares. — 3 machines.

(Il y a en outre, dans ce département comme dans plusieurs, des terrains assez considérables drainés avec des pierres).

Pommiers. — MM. Cammingues, à Mozères.
Foix. —   du Marteaux, à la Bastide.
Saint-Girons. — N., à M.

Ardennes . . . . Huit machines.

MM. Valeur, à Balaires ; Pierquieu, à Charleville ; Gérard-Belle, à Carignan ; Gernault, à Boult-aux-Bois ; Mathis, à Bellevolle-Bois-des-Dames ; Collignon, à Lancon ; appartenant au département, 2.

Aude. . . . . 100 hectares. — 2 machines.

A Carcassonne, Gairal Abeillon.—A Castelnaudary, Bataille.

Aveyron . . . . Une machine.

Société d'Agriculture de Rodez.

Calvados. . . . . 600 hectares.— 5 machines.

                        MM. Bourienne, à Moult.
Bayeux. —   N., à Noron.
Pont-l'Evêque. —   N., à Toucques.
Caen. —   Compté-Rérat, à Caen.

Charente . . . . 10 hectares. — 3 machines.

Barbezieux. — MM. N....., à, ...
Consolens. — M. N....., à Consolens.
Angoulême. — M. N....., à Angoulême.

Cher . . . . 300 hectares. — 2 machines.

Bourges, M. N.

Côte-d'Or. . . . . . . 200 hectares. — 7 machines.

MM. Chevigny, à Bòzo; Guillier, à Dijon; Guétaud, à Souhey; Monniot, à Nod-sur-Seine ; Malgrat, à Semur ; Gambut, à Beaune ; Lerat, à Villers-les-Pots.

Côtes-du-Nord . . . . 320 hectares. — 3 machines.

MM. Glauder, à Pabu ; de Saint-Méloir, à Iffiniac; Guéguen, à Denau.

Eure . . . . 47 hectares. — 5 machines.

MM. N. N., à Neuve-Lire , à la Barre , à Saint-Pierre-du-Ménil, à Chaignes, aux Andelys.

5

Eure-et-Loir . . . . . 60 hectares. — 2 machines.
MM. N. N., à Nogent-le-Rotrou, à la Loupe.

Finistère . . . . 100 hectares. — 2 machines.
MM. N. N., à . . . . . .

Gard . . . . 3 hectares. — Une machine.
M. Lévesque, à Saint-Bauzely.

Haute-Garonne . . . 50 hectares. — 2 machines.
Toulouse. — Ouvriers réunis, à la Pujarde.
Villefranche. — Ouvriers réunis, à Revel.

Gironde . . . . 300 hectares. — 6 machines.
MM. Clanargeon et Roberty, à Saint-Foy ; Demageau et Cie,
à Bègles ; Monsion, à Sadirac ; Mersain, à Fargues ; le comte
Duchâtel, à . . . . . . Le marquis de Bryas, au Taylan.

Hérault . . . . 300 hectares. — Une machine.
M. Reynes, à Montpellier.

Ille-et-Vilaine . . . . 200 hectares. — 5 machines.
MM. Nobilet, à Vitré ; Josserand, à Rheu ; Chaquerie, à
Jauzé ; Essenoul-Maisonneuve, à Dol ; N., à Dinant.

Indre . . . . 200 hectares. — 5 machines.
A Châteauroux, M. Grelet ; à la ferme-école de Villechaise,
chez le maire de Chabris ; 2 chez N.

Indre-et-Loire . . . . 150 hectares. — 6 machines.
MM. Dupeu, à Tours ; Mergez, à Neuvy-le-Roi ; N., à Chatel-
lerault ; de Boissimont, à Langeais ; N., à Preuilly ; N., à
Chinon.

Jura . . . . 388 hectares. — 5 machines.
MM. Bayard, à Lons-le-Saulnier ; Démillière, à Monchard ;
Bontems, à Tanenière ; Guillemin, à Bletterans ; comte Alix, à
Maynal.

Landes . . . . 10 hectares. — 2 machines.
MM. Maumejare, à La Hesse ; Castera, à Bougue.

Loir-et-Cher . . . . . 200 hectares. — 2 machines à placer.

Loire . . . . 488 hectares. — 13 machines.

Montbrison. — Anglés, à Mably; la ferme-école de Mably; *Génot* et Cie, à Saint-Paul-de-Vezelin; *N.*, à Saint-Guenez; l'Association, à Bellegarde.

Roanne. — MM. Ziélinski, à la ferme-école, à la Corée; François et neveu, à Cancalon; N., à Mably; Methon aîné, à Saint-Marcellin; *N.*, à Marcilly-le-Pavé, Ferme-Ecole, à Mably.

Loiret. . . . . 300 hectares. — 2 machines.

MM. Bauregard, Valentin, à Orléans.

Lot . . . . 3 machines.

MM. N. N., à Castelnau, à Figeac, à La Capelle-Montreval.

Lot-et-Garonne. . . . 10 hectares. — 4 machines.

MM. Dupuis, à Agen; Marmande, 3 vont être placées.

Maine-et-Loire , ... 800 hectares. — 7 machines.

MM. Dupont à Saint-Sylvain; Guibourg, à la Cormiaille; Bodard, à Louvaines; Maison de correction, à Fontevrault; N. N., à Verns, à Clef, à Montigné.

Manche . . . . 10 hectares. — 2 machines.

MM. le général de Montrel, à Martinvall.
N., à Avranches.

Marne , ... 110 hectares — 10 machines.

MM. Pruau, à Pargny; Munier, à Vadivières; N., à Thuysy; Carbonneau, à Serzy; Julian, à Guoux; N. N., à Vaudière, à Giffaumont, à Sézanne, 2 à N.

Mayenne. . . . . 100 hectares. — 11 fabriques.

Châteaugontier, 7; Laval, 2; Mayenne, 2.

Meurthe . . . . 1144 hectares. — Une machine.

M. Neuvckomme, à Nancy.

Meuse. . . . . 262 hectares. — 4 machines.

— 38 —

MM. Resnard-Paquereau, à Sommeleure ; M. le maire du Claon ; Parisot, à Crene ; Mengin, à Stenay.

Moselle . . . . 95 hectares. — 3 machines.

MM. N. N., à Saint-Julien, à Sainte-Avold, à Thionville.

Nièvre . . . . 225 hectares. — 7 machines.

Nevers. — MM. Gaston Lyons, à Nevers ; Signoret, à Plagny-lès-Nevers ; Rat, à Saint-Pierre.

Château-Chinon. — MM. Salomon, à Poussery ; Bonneau de Montrez, à Vandenesse.

Clamecy. — Millerault, à Basoche.

Nevers. — Millaut, à Maulaix.

Nord . . . . 2,000 hectares. — 10 machines.

Valenciennes. — MM. Bouchez, à Breuilles.

Avernes. — Prevost, à Louvril ; Dupont et Bugnon, à Saius.

Dunkerque. — Landeau, à Wattin ; N., à Reexpoède.

Hazebrouck. — N., à Cassel ; d'Airoles et Cie, à Ravinchore.

Douai. — Lassas, à Faumont ; Derbomet, à Roches ; N., à Kinès.

Oise . . . . 472 hectares. — 5 machines.

MM. N., à Compiègne, à Buchoire, à Goullencourt, à Cuise-la-Motc.

Beauvais. — Association du Drainage de l'Oise.

Association du Drainage, à Becq-Saint-Paul.

Puy-de-Dôme . . . . . 7 machines.

Clermont. — MM. N. N., à Chamalières, à Bort, à Domaise.
Riom. —   N., à Combronne.
Thiers. —   N., à Lezoux.
Ambert. —   N., à Ambert.
Issoire. —   N., à Issoire.

Basses - Pyrénées . . . 70 hectares. — 4 machines.

MM. *Jubliant*, à Sus ; Lastigan, à Sauvagnon ; Sallaberry, à Saint-Jean-le-Traine.

Hautes-Pyrénées . . . 6 hectares. — Trois machines placées chez des potiers.

Bas-Rhin . . . . 40 hectares. — Une machine.
MM. Pasquay frères, à Wagelonne.

Haute-Saône . . . . . 60 hectares. — Une machine.
Vesoul. — M. Parisot, à l'Abbaye de la Charité.

Saône-et-Loire . . . . 250 hectares. — 12 machines.
MM. Jacquit, à Bourg-le-Comte ; Barnier, à Paray-le-Mo-
nial ; Alix, à Corbigny ; Prost, à Charolles ; Pajot et Ruaud,
à Palinges ; Georges et Cie, à Autun ; Zolla et Cie, à Châlon ;
Munier, a Curtil ; Graffier, à Tournes ; Vallet, à Saint-Symphorien ; Anet, à Louhans ; Lejeune, à Pierre.

Sarthe . . . . 253 hectares. — 10 machines.
MM. Bassou-Lacroix, à La Roche ; Roussel, à Ecomois ; duc
des Carres, à Saint-Symphorien ; duc de la Rochefoucault, à
Rouperoux ; de Jumilhac, à Cherré ; Damoiseau, à Alençon ;
Viot et Billard, et Duveau, aux Agets ; de Courtilloles, à
Champfleur.

Seine . . . . 25 hectares. — 2 machines.
MM. Laurent, à Paris.
Collas, à La Chapelle Saint-Denis.

Seine-et-Marne . . . . 3,554 hectares. — 22 machines.
Coulommiers. — MM. Moncerf.
Nesles.
Fontenay, Mathein de Gritz.
Gauthier, à La Ferté-Gaucher.
Couturier,   Id.
Fontainebleau. —   le comte du Manoir, à Forges.
F. Yonne, à Montereau.
Meaux. —   Blot, à Ferrières.
Fournier, à Villeroi.
Vincent, à Montereau.
Melun. —   Lauret, à Bréau.
Champeau, à La Chapelle-Gauthier.
Bourdin.
Blot, à Pont-Carré.

	Petit, à Soignolles.
	Champuis, à Saint-Ouen.
	Lebœuf, à Chaumes.
Provins. —	Leucoup, à Montigny.
	N., à Septveilles.
	Lombard, à Gauthier.

Seine-et-Oise. . . . . . 303 hectares. — 2 machines.

(Ce département s'approvisionne en partie dans les départements voisins).

Veuve Champion, à Chenevières.
Le comte de Portalis, à La Barre.

Seine-Inférieure . . . . 100 hectares. — 3 machines.

A Dieppe, chez M. Legros; à Neufchâtel, M. Decoux; à Forges-Taber.

Somme. . . . . 5 hectares. — Une machine.

Amiens. — M. N., a Amiens.

Var. . . . . 6 hectares. — Une machine.

M. de Gaquet, à la Ferme-Ecole.

Vendée. . . . . Deux machines chez des potiers.

Vienne. . . . . 2 hectares. — 2 machines.

Poitiers. — Le duc des Cares, à la Roche-des-Brous.
Liége d'Iray, à Châtellerault.

Haute-Vienne . . . . . 25 hectares. — 8 machines.

Limoges. — MM. de Bruchard, directeur de la ferme-école, à Chavaignac.

Les Reclus, à Serveillac.

Bellac. — Vaudou, aux Vignards.

Rochechouart. — Rebry-Rolle, à Saint-Laurent-sur-Gore.

Saint-Iricise. — Du Couillac, à Nexon.
De Bonnefond, à Bonnefond.
De Boucheron, à Aixe.
Giry, à Genetouse.

Yonne. . . . . 200 hectares. — 6 machines.

Auxerre. — MM. S. Boulard fils, à Fontenoy.
Virally, à Auxerre.
Fremy, à Saint-Sauveur.
Mauvage d'Héry, à Rouvray.
Joigny. — Houdé, à Bléneau.
Tonnerre. — le marquis Anjorrant, à Flogny.

RÉSUMÉ GÉNÉRAL

DES PROGRÈS DU DRAINAGE EN FRANCE

Au 31 Décembre 1855.

Différence entre la situation de 1853.

		Machines.	Hectares dr.	Tuyaux empl.
Il y avait, en 1853, { à l'Etat. . . . . . 25 } { à divers. . . . . . 30 }		55	1,267	4,292,100
Il y a eu, au 31 décembre 1855, { à l'Etat et comice. 220 } { à divers. . . . . . . 73 }		293 (1)	19,147	51,700,000
En faveur de 1855.		238	17,880	47,507,600

Un hectare, en 1853, revenait, en moyenne, pour frais généraux à. . . . . 267 fr.
   —   en 1855,   —   246
Dans les terres douces, il revient à peine à 200
Ces prix baisseront encore, les ouvriers s'habituant à ces sortes de travaux, et les tuyaux se trouvant dans beaucoup de localités à *pied d'œuvre*.

(1) Trois sont mues par la vapeur.

Le Drainage a occasionné, jusqu'au 31 décembre 1855, une dépense totale de 6,315,731 fr.

Ainsi le sol français s'est déjà amélioré, en ne nous servant que du chiffre de 30 p. 0/0, minimum de mes citations, d'une somme totale de

SAVOIR :

Pour 1,115 hectares de vignes (1). . . . . 278,750 fr.

Pour 997 hectares de pré (2) 1,196,400

Pour 18,302 hectares de terre. 4,502,292

Pour 1,267   —   avant 1853. 338,289

Quant aux 18,302 hectares de terre, ils ont produit un excédent alimentaire annuel, au minimum, de 115,812 hectolitres de grains, pouvant déjà suffire à la nourriture de 20,000 habitants en plus.

En outre des dépenses qu'ont occasionné le drainage des terres, il y a encore toutes celles occasionnées pour la construction des nouvelles usines, machines, outillages et dépenses considérables. Mém.

Nous ne pouvons que témoigner un regret, c'est de ne pas trouver les machines encore plus répandues qu'elles ne le sont, car à elles seules appartiennent la rapidité de l'exécution du drainage.

Nos renseignements généraux établissent que les usines construites jusqu'à ce jour ont plus de commandes qu'elles ne peuvent en exécuter.

Impossible maintenant de douter des merveilleux résultats que procure le Drainage sur les terres, vignes et prés.

Il est donc de la plus grande utilité que les propriétaires, dans leur propre intérêt, exécutent immédiatement le Drainage qui est *l'Art de s'enrichir* (3).

S'il existait encore quelques doutes à l'effet de savoir si les bons effets du Drainage se prolongent, nous dirions que tous les agronomes sont d'accord sur ce fait, et que les résultats le prouvent ; que *plus le Drainage est anciennement exécuté, plus il devient avantageux, le sol s'améliorant graduellement.*

(1) Les frais de Drainage ont partout été plus que couverts la première année de récolte.

(2) La valeur moyenne de ces prés était de 200 fr. l'hectare, qui vaut au minimum 2,000 fr.

(3) Consulter un petit opuscule, publié en 1855, par M. S. Boulard-Moreau. — Auxerre, imp.-lib. Ch. Gallot, rue de Paris, 47.

DRAINAGE KEYTHORPE-MIXTE.

On ne connaît pas aujourd'hui de système meilleur d'application que celui de placer les drains d'assèchement dans la ligne des plus grandes pentes des terrains, à des distances égales et parallèles, se raccordant en bas à un drain collecteur.

Mais l'idée marche, chacun travaille pour arriver à une nouvelle amélioration.

L'Angleterre nous donne souvent, en Agriculture, de très-bons exemples. Je dirai donc que, depuis nombre d'années, dans le comté d'Essex, particulièrement chez lord Berners, à Keytorpe, un procédé connu sous le nom de *Keythorpe*, est mis en application avec le plus grand succès et avec économie de 50 à 60 p. 0/0 (1).

Ce système peut être parfaitement exécutable et avec profit dans le comté d'Essex, où les terres sont d'alluvions, mais en France, le sol différant de nature, rendrait son application plus difficile.

Ce Procédé Keythorpe se trouve en complète opposition avec celui qu'on emploie aujourd'hui, c'est-à-dire qu'au lieu de pratiquer les drains équidistants et parallèles à la ligne de la pente qui est *naturellement celle des sillons souterrains*, on la coupe, au contraire, *transversalement*, par un *drain-artère* (le collecteur), on place ensuite à des distances plus ou moins rapprochées, et dans les endroits qu'on juge le plus convenable, des drains *artères secondaires* (ceux d'assèchements), avec et même sans communication avec le *drain-artère*. De cette manière, on débarrasse complètement le terrain de l'excès d'humidité qu'il renferme.

Dès-lors, nous commettons tous une faute très-grave en plaçant nos drains d'assèchement dans la pente la plus grande des terrains à assainir.

Lord Berners observe judicieusement :

« Que si l'on place les drains-artères dans la ligne de la plus grande pente, et qu'ils

---

(1) Voir le journal *L'Yonne*, n° 27, du 2 avril 1856, et les rapports de M. Robiou de la Thréonnais, *Journal d'Agriculture pratique* des 20 mars et 5 mai 1856.

« traversent l'artère d'un sillon imperméable, ils ne peuvent jamais parvenir à drainer
« les eaux logées dans l'intervalle des sillons voisins, ces mêmes eaux se trouvant re-
« tenues par des parois impossibles à franchir...... alors il faut les couper trans-
« versalement. »

Il est donc urgent de chercher à remédier à l'inconvénient du système actuel.

Voici le nouveau système que nous recommandons. Nous allons nous-même le mettre
immédiatement à exécution dans notre domaine de La Mothe.

Pour reconnaître ce procédé parmi les autres, nous le désignerons sous le nom de
Drainage Keythorpe-mixte. Il sera presque aussi économique que le Procédé Keythorpe,
mais son application aura des résultats beaucoup plus satisfaisants.

Ainsi, au lieu de déposer les drains d'assèchement dans la ligne des plus grandes
pentes, et le collecteur dans le travers de ces mêmes pentes, nous placerons dorénavant
ces premiers, que nous appellerons *drains-artères secondaires*, obliquement à la ligne de
la plus grande pente, comme sont placées les barbes d'une plume ; et les seconds, que
nous nommerons *drains artères*, si le terrain est profond dans le point le plus bas.
Quand les eaux provenant de chaque côté du vallon sont trop abondantes pour être
reçues dans un seul *drain-artère*, il en sera placé deux à côté l'un de l'autre : si au
contraire le terrain est avec une seule pente et trop étendu, il sera fait plusieurs
formes de plumes, mais toujours en donnant à suivre à chacun des *drains-artères* la
plus grande pente, ainsi de même dans les terrains les plus accidentés.

Ce nouveau système d'application de *Drainage Keythorpe-mixte* sera très-écono-
mique, en ce sens que les lignes de drains placées obliquement où besoin sera, seront
éloignées sans aucun inconvénient à des distances beaucoup plus grandes, et tout à
fait irrégulières.

Nous ferons observer, en terminant, que le premier et le second *drains-artères secondaires* placés au plus haut de la pente doivent presque toujours traverser complètement
le terrain à drainer, surtout si le terrain est humide ; quant aux autres drains, ils
peuvent, selon le plus ou le moins d'humidité du sol, être éloignés, allongés ou rac-
courcis. La profondeur des tranchées sera toujours, au minimum, de 1 mèt. 10 c. à
1 mèt. 20 c.

PLUS-VALUE

QUE PROCURE LE DRAINAGE A LA PROPRIÉTÉ.

Nous pourrions établir, par de nombreux exemples (1) , la limite de l'amélioration d'une propriété sur laquelle le Drainage aurait été exécuté avec intelligence , amélioration qui ne peut que s'accroître, puisque la durée en est indéfinie, et que le sol devient de plus en plus friable.

Nous nous contenterons de citer un seul exemple , et pour rester au-dessous de la vérité nous ne nous servirons pas des termes 40, 50, 100 p. 0/0, mais du minimum de 15 p. 0/0, afin de rester au-dessous de la vérité.

Prenons pour point de départ l'acquisition nouvelle d'une propriété. Sur le produit net d'impôts de 3 1/2 p. 0/0, composée de 1,000 hectares, estimée, chaque hectare, 800 fr., soit. . . . .   800,000 fr.

Donnant, à raison de 3 1/2 p. 0/0, un produit net de 28,000 fr. . . . .   Mém.

Nous supposons que le propriétaire veut drainer et n'a plus de fonds à sa disposition, il emprunte à l'Etat 200,000 fr., qu'il remboursera par annuité de 6 p. 0/0 pendant vingt-cinq ans, soit   200,000

La propriété, après Drainage, reviendra à. . . . .   1,000,000 fr.

---

(1) M. le marquis de Bryas l'a déclaré à tous ceux qui ont voulu l'entendre, et disait :

« J'ai drainé en entier une propriété près de Bordeaux, qui valait 700,000 francs, et dont voici les plans (*). Je l'afferme aujourd'hui sur le pied de 1,100,000 francs »

(*) Je les ai entre mes mains.

Après Drainage, la propriété rapportera donc :

   1° Le revenu net d'acquisition. . . . .   28,000 fr.

   2° Deuxième revenu sur 200,000 fr. empruntés, donnant au mi-
     nimum 15 p. 0/0   30,000

                   Revenus totaux . . . .   58,000 fr.

Sur quoi il faut déduire l'annuité due à l'Etat, à raison de 6 p. 0/0 l'an,
sur les 200,000 fr. empruntés, soit   12,000

   Au lieu de 28,000 fr. il restera donc en revenu net, après Drainage. .   46,000 fr.

En sorte que, pendant le Drainage, en calculant sur le prix du revenu net d'acquisition, déduction faite de l'annuité à payer à 6 p. 0/0 pendant vingt-cinq ans, la propriété, à raison de 3 p. 0/0, aura gagné en plus-value de revenu. . . .   18,000 fr. »

   Et à fin d'annuité, celle considérable de   30,000   »

Soit augmentation de capital pendant le paiement de l'annuité de
vingt-cinq ans.   514,285   71

   Et, à fin d'annuité, celle de.   857,142   85

Des faits semblables, et très-nombreux, se sont passés en Angleterre, et beaucoup
de débiteurs ont liquidé les dettes qui pesaient sur leurs propriétés, tout en soldant
leur annuité.

RÉSUMÉ.

Les faits l'ont suffisamment démontré, c'est par un large prêt au sol pour favoriser l'extension du Drainage, que l'Agriculture française est appelée à se régénérer et à marcher de pair avec l'Angleterre, sa rivale ; c'est par l'assainissement bien entendu des terres qu'une grande partie de la dette hypothécaire parviendra, dans un délai, — encore loin de nous sans doute, — à disparaître en grande partie de nos campagnes ; c'est enfin, par une législation spéciale sur la matière, que l'on surmontera tous les obstacles, et que l'on substituera à l'ignorance et à la mauvaise volonté les progrès et la lumière.

Si nos prévisions ne sont pas trompeuses, et les raisonnements les plus logiques nous autorisent fortement à les croire exactes, les acquisitions d'immeubles ruraux, situés toutefois sur des sous-sols argileux, humides et froids, seront une des meilleures opérations financières de notre époque. Ce qui se passe dans le département du Nord nous donne mille fois raison , puisque dans la plaine du Forêt, maintenant qu'on y a reconnu que l'application du Drainage y est avantageuse, *les terres non drainées ont tiercé de valeur.*

Nous aurons occasion de revenir avant peu sur la question du Drainage ; disons en terminant que nous sommes de ceux qui ont considéré cette innovation comme l'une des plus utiles, faites à l'Agriculture par le dix-neuvième siècle, et sans laquelle le cultivateur ne saurait posséder réellement *l'art de s'enrichir.*